# FORMAS DEL AGUA

# FORMAS DEL AGUA

Presina Pereiro

© Presina Pereiro
© Fotografía de portada: *Maiar*, de Blanca Aizpurua
© Fotografía de solapa: Laura Fernández
© Prólogo: José Sarria

© Mahalta Ediciones
www.mahalta.es

Colección Adivinos n.º 29
Primera edición: febrero 2026

ISBN: 979-13-990232-7-5
Depósito Legal: CR 164-2026

Impreso en España

Mahalta Ediciones es un sello editorial de Añil Desarrollo Gráfico, S. L.
www.anil.es

# La palabra mágica, germinativa

Es concluyente que no todo hecho poético se transforma en poesía. Será necesaria la concurrencia de una mujer o de un hombre con la capacidad de interpretar y reconvertir ese hecho, transfigurarlo con su trabajo, para poder establecer, cimentar y edificar un nuevo mundo y así instalarlo en el corazón de los otros a través del concurso lírico.

Esta alquimia no se produce automáticamente, por generación espontánea o simple inspiración divina. Es preciso, para ello, asumir la tradición poética y aprender del caudal de los que nos precedieron, es decir, indagación y conflicto, repliegues y validaciones permanentes, hasta alcanzar esa capacitación final que hace posible el milagro de «transformar lo contingente en necesario», siguiendo la visión creacional de Damián Tabarovsky.

La poesía verdadera no recurre a elementos léxicos desaforados ni, de otro lado, cede su pureza al ramplonismo. No significa que está reservada exclusivamente a seres ungidos por los dioses del Parnaso, pero tampoco es una manifestación de alcance indiscriminado. Aquel que verdaderamente intenta escribir poesía no tiene otra pretensión, desde un profundo proceso de reflexión, que la de alcanzar el alma del lector a través de la palabra rítmica transustanciada en emoción, tal y como nos ha enseñado Joan Margarit: «El límite de la poesía es el de la emoción» que no es otra cosa que la invención de un lenguaje nuevo, diferente, dentro del propio lenguaje.

Sirva este frontispicio como mensaje de bienvenida para quienes se acercan hasta las páginas de *Formas del agua*, de Presina Pereiro, autora que tiene el don, la capacidad, de manejar con verdadera autoridad el arte de componer poesía, orfebre de algo tan complicado como es la arquitectura métrica, una estructura verdaderamente armónica donde el verbo late sin que se perciba la presencia de ese armazón preconcebido en el que dar cabida al pensamiento, a la idea o a los sentimientos. Presina acude al recurso de los recuerdos como palanca desde la que poner en movimiento todo su universo poético: ausencia, dolor, deseo, evocación y realidad convergiendo y transitando hacia el lugar común de la memoria que la poeta hace funcionar como método, como motor del libro.

La historia no es mera acta notarial de su vida, ni una crónica o una autobiografía, antes bien existencia reelaborada por el recurso memorístico de donde van emergiendo recuerdos, imágenes, «el espacio que habitó mi infancia», Escarlata O'Hara, «una atalaya revestida de alhelíes», las «manos de asteroide» de su padre, la música de Mahler, las glicinas o Alicia sin su país de las maravillas; fantasmas, personajes o quimeras que han ido entrando y saliendo del salón de la memoria de la poeta a lo largo de su vida con la fuerza desbordante de las primigenias pasiones y que, una vez la vida es recorrida como el paso de las páginas de un álbum lleno de estampas, han quedado grabadas en el corazón de quien ha adquirido la madurez suficiente como para contemplarlas como un todo gracias al proceso alquímico del recuerdo, a la evocación de la niña que ahora «no entiende el infinito» y que a pesar de ser solo un nombre en un DNI se constituye, se erige, como un ser que existe en su pasado («¿Cómo ser yo si se alterara mi pasado?») y retorna, firme y consciente, para «conservar lo esencial» y no «repetir desatinos», desprovista de aquel férvido deseo de la juventud, ahora albergado y al amparo de la serenidad de la experiencia que se sustancia en la palabra mágica, germinativa y fundante: ventana abierta a una comprensión más profunda de nuestra relación con el mundo desde donde restablecer y acrecentarle su original hermosura.

Todos los recuerdos, la experiencia vivida, el acontecer de los días, se engarzan como un necesario magma lírico para constituir al poema desde la memoria universalizada: «la aventura de alcanzar a ese alguien que hay dentro de cada uno y que no soy yo», decía Jung; y no como un fragmento de la vida de la poeta, sino como una realidad transfigurada, desde el momento en que los personajes se convierten en nosotros mismos y nos identifican, y nos llevan también a nuestros recuerdos, y nos sanan, y nos redimen, y nos salvan, haciendo de lo particular lo general, tal y como lo ha expresado Antonio Enrique: «el testimonio —del poeta— elevado a categoría de símbolo plenamente estético, perdurable y universal, pues el poeta es quien, más que mira, ve y, más que ver, elabora lo que mira».

La trascendencia de la presente propuesta literaria transita y discurre armónicamente, dentro de unos límites de emociones contenidas, sin estridencias, dotando a la construcción de un armonioso equilibrio, buscando su simetría y así poder nombrar lo que permanece en el silencio, abrazada de una genuina sensibilidad femenina que se convierte en elegancia poética, dominada por la serenidad léxica, la palabra exacta, recamada bajo una precisa habilidad métrica y rítmica con la que bordar los lienzos de la existencia y la condición humana, allí donde esta se sumerge en un mar de emociones y reflexiones o es llevada de la mano por los desiertos de nuestras propias incertidumbres.

Escribía Jaroslav Seifert que «recordar es la única manera de detener el tiempo», y es este recurso el empleado por nuestra autora para anular el conjuro del destino, y hacer posible el prodigio de devolverle a aquella niña frágil que rivalizaba con la insistente muerte bajo la «pupila inmortalmente hueca» del padre, para hacernos ver que, a pesar de que ya «nada queda del País de las Maravillas», es posible el prodigio, precisamente bajo el conjuro poético, mágico, de la luz de la memoria, desde donde brota, inmaculado, fundante, el recuerdo de la emoción y en él es posible alcanzar, desnudos y libres, «ese instante preciso de libertad» y el conocimiento de los silencios.

JOSÉ SARRIA

El mundo es tan bonito
y yo tengo tanta pena de morir...
JOSÉ SARAMAGO


Si yo fuese Dios,
me gustaría mirarte dormir,
cosa que puede no pasar.
Me gustaría mirarte,
durmiendo. Me gustaría dormir con vos,
entrar en tu sueño.
MARGARET ATWOOD


¿No sería mejor transformar la vida en poesía
que hacer poesía con la vida?
OCTAVIO PAZ

Te he oído surgir de entre las flores
que decoran el viejo clavecín.

Eras luz ancestral, lo femenino,
música generosa
que penetraba en mí para ser voz.

Eras un bosque en llamas,
el sonido vibrante de la mar,
la vida,
la casa que hoy habito,
la clandestina sacudida que estremece,
la fervorosa sensación
de ser parte del universo.

Con inmensa ternura amo el mar y el desierto;
y sonrío en los duelos y en las fiestas sollozo
y encuentro un gusto grato al más ácido vino;
y los hechos, a veces, se me antojan patrañas
y por mirar al cielo caigo en pozos profundos.
Más la voz me consuela, diciendo:
«Son más bellos los sueños de los locos
que los del hombre sabio»

CHARLES BAUDELAIRE

# I
# El sueño del loco

# HORA DE COMENZAR

¿Quién soy?
¿Quién soy sino el que espera?
WALT WHITMAN

Horas de plata líquida, maleables,
de regresar al Génesis,
cuestionar cada dogma
y toda certidumbre.

Horas para mecerse,
flotar sobre la línea donde muere lo admitido,
sumergirse en la fuente de la fértil creación,
y surgir de sus aguas
bajo el influjo femenino de la luna.

Horas de ser Adán,
de nominar las cosas,
de tallar utopías en castos minerales,
morder frutas prohibidas
e iniciarse en ser inalienable.

Horas de revisar razones,
componer un alfabeto nuevo
y reescribir relatos
en libretas sin memoria.

## Cómo llegar ahí

¿Cómo se oirá la lluvia lejos de esta habitación?
¿Cómo será mi rostro reflejado en otro azogue?
¿Medirán los relojes el tiempo que no existe?
¿Seguirán ocultando dragones las oscuras capillas?
¿Llegarán hasta allí los rencores de Némesis?
¿Será sonora y libre la voz de los poetas?

No sé qué responder.
No conozco lo que callan
las reglas universales,
¡si hasta dudo de mí!,
de lo que puedo ser.

Para identificarme tengo que meditar,
hallar la convicción de no ser fría lápida
ni adormidera humilde,
y comprobar que existo
en este espacio cómplice
de infinitos y espejos.

Y después me maldigo
por no reconocer mi música entre músicas,
por no intimar conmigo,
por no amar las palabras que corean el estrépito,
y evitar los satélites
irreprochablemente alineados.

# LO VIVIDO

Mi alba fue tiempo concedido, de gracia,
de letargos y dudas,
de vaticinios.
La solícita muerte, dulcemente,
esperaba abrazar mi figura de barro,
yo aceptaba su pretensión,
me conformaba.

No me inquietaba
caminar por los bordes de vivir.
Confiaba en la dama que apagaría mi aliento,
la que aún no aventaba mis cenizas
y paciente me invitaba a descansar entre sus nudos.

Ella era fiel, constante,
era extraña ternura.
Mansamente aguardaba el fin de mis latidos,
y juntas nos sumíamos en el limbo más bello.

Sus ojos conocieron mi indeciso dibujo,
ella me recitó el más sabio poema,
templó mis huesos
y me inspiró argumentos para no dejar de ser.

Aceptar que esa dama demolería mi barro
fue la magia más cierta del tiempo de niñez,
metáfora del ciclo vital de las mareas.

# ¿CÓMO PODRÍA EXPLICARLO?

Sospecho que la noche es un tiempo impreciso
que invita a comprender,
a comprenderse,
a admitir cada error y cada olvido,
y también a inventar mil coherencias
para no repetir desatinos
si acaso la vida repitiera.

Bajo influjo lunar exploro mis dudas
por si decido renacer después de apagarme.
Por ejemplo,
¿intuiré lo perenne del arco que surge tras la lluvia
y la razón cuestionable del amor?,
¿descubriré la bondad del fracaso,
la claridad que esconde la penumbra?,
¿entenderé la muerte como culminación?

Pero se va la luna y amanece,
la luz solar hace brotar las formas
y me obliga a consentir
que lo soñado decae pronto y se extingue.

Así, antes que los días forjen justos perfiles,
mientras lo claro sigue siendo confuso,
reviso profecías,
busco en ellas el riguroso ensalmo
que permite realizar lo inconcebible.

# EL POEMA Y LAS NOTAS DE JAZZ

La luna de esta noche
no parece de plata, sino campo de trigo,
plegaria al dios de los desesperados,
reflejos del vivir en las vidrieras,
siluetas en legal desnudez,
        brillo,
            dudas,
                reproches y unas notas de jazz.

La luna de esta noche
es simiente que fecunda la palabra,
afán de comprender,
es el concierto sagrado de los símbolos,
el canto seductor de cada alegoría,
        certeza,
            agua,
                pretexto y un poema de Borges.

# Relojes

En mi oscuro planeta,
bajo la luz de la luna menguante,
apreciaba el avance circular del minutero de mi reloj
y advertí que la angustia,
como ágil gata Mainel,
se sentaba en mis rodillas
y usurpaba mi calma.
La sombra de Cronos crecía, crecía,
cubría la arboleda
para eclipsar con hechizos y efluvios
la luz que antes brilló en la copa del olmo.

El ayer me acosó, me rodeaba.
Abandoné aquel banco,
bordeé las esquinas de la verja oxidada,
el hondo olor a herrumbre gobernaba mis pasos.
Encontré la salida.
Me alejé de aquel parque.
Caminé por la acera.

El vaho de otro tiempo
cubrió mis sienes y liberó
la extraña sensación de fervores dudosos,
a saber:
el tacto de aquel cuerpo,
las caricias que oprimen,
la suavidad de unas manos extrañas,
el frío acumulado en cada hueso,
y mi sed de sentir,
de ternura y abrazos, de fantasías de abrazos.

Al fin vi los balcones del lugar en que habito.
Entré en casa,
en mi alcoba asolada como prado en derrota.
Resignada volví a mi soliloquio,
a suponer pasión
y a revivir la urgencia
de unas horas precisas
entre todas las horas.

## Boleto dorado

Podría estar viajando de forma recurrente
con boleto dorado a la memoria,
excursión opcional a viejas emociones y
recorrido, con fotos sin color, por la nostalgia.

Podría transitar las avenidas de Manhattan,
girar en las farolas del Buenos Aires viejo,
dar vida a marionetas en el Puente de Carlos,
nadar en el reflejo del blanco Parlamento,
deambular París,
compartir una absenta con Modi,
hablarle de Picasso,
y en Madrid, en la cuesta Moyano,
preguntar a Galdós,
si era ineludible el fin de Fortunata.
Ser la segunda voz de un fado en Barrio Alto
y la emoción del peregrino que alcanza Santiago.
Entender los alegatos que enuncia Lorca
y los símbolos que Mozart esconde en su Flauta.
Podría descubrir que ayer regresé a Manderley
y sentir que un insecto es mi cuerpo,
enamorarme de Hubbell y de Katie,
volar, y olvidar que ya nada es posible.

# Ajedrez

Pusimos un tablero enfrente de nosotros.
ROSARIO CASTELLANOS

No sé ponerle fecha al momento que cito,
una jornada gris, como cualquiera,
con reflejos de nubes en los charcos,
tarde de tenue brisa con olor a otro tiempo.

Anochecía,
el parque semejaba una ciudad arcana
y había un banco ocioso.
Sentada en él, vagué
como si transitara casillas de un ajedrez ilimitado
sin estrategia previa,
saltando por escaques de infinito.

Obvié los cuadrados blancos
por si fueran pozos de desconciertos,
brinqué en sinuoso zigzag sobre los negros,
sobre su desventaja irrefutable y,
sin dama ni caballo, sin torre ni defensas,
transité mi futuro,
el espacio hueco de aquel lunes,
la impostora noción de victoria y derrota,
de final o principio.
Deambulé, deambulé, deambulé
hasta apurar la cuerda del reloj.
Era un día cualquiera
sin reflejos de lunas en los charcos.

# En este atardecer

Me gustaría ver contigo el declive de la tarde.
Amarnos sobre el resto del día
hasta que se desmaye la luz,
y abandonarnos luego
como alga en arenas.

Lentamente oscurece.

La noche germina.
Estremece este instante.
Es el auge, el apogeo, la potestad.
El momento preciso en que los astros
ponen fuego en las aguas,
oscurecen la tierra,
provocan confusión entre reflejo y sombra,
ocultan a los amantes
en las piedras del malecón
y apremian al día para que diluya su sol entre olas.

Aún somos siluetas.

## Sin nostalgia

Pasear entre espigas
bajo el anillo que circunda la luna,
pensar en lo inefable,
en el sueño donde estoy contigo,
en nuestro tiempo menguado de luz
y en el campo cercado de ayeres.

Me imaginé jugando,
girando entre los astros,
trenzando con mi pelo
certezas y esperanzas,
enlazando el trigal
en la flor del olivo,
el altísimo monte
con la tierra abonada.

## POR SI REGRESO

[...] he llegado a la línea donde cesa
la nostalgia.
FEDERICO GARCÍA LORCA

Escondo del olvido
el espacio que habitó mi infancia,
mi imagen sin retoques
y las puertas abiertas del hogar alegórico
donde volver en tiempo de quebrantos
o si acaso me hieren los absurdos.

Voces casi inaudibles surgen desde el recuerdo
como áureos racimos en sol de mediodía,
son el alba de otoño, primaveras de hielo,
son las bocas sin labios que me hacen llorar.

Repaso lo que fui, y me observo desnuda
para no dar por ciertos pasados que no han sido,
no inventar un cobijo donde jamás estuve,
no descansar erguida
ni aceptar
la paradoja que devuelve el espejo.

# Lo que queda de mí

Anhelaba decirte
que he sabido renunciar a lo que nunca tuve,
y que he decidido
conservar solo lo indispensable:
corazón y sustantivo.

También deseo que sepas que he apagado los focos
para que no nos deslumbren,
que he expropiado
de mis ojos el velo que me impedía verte.

Como si fuese maga,
he hecho desaparecer lo que perturba
y en el marco de un espejo,
enganché el disfraz que siempre usé.

Sin adulteración, sin miedos,
como blandas arcillas, moldeé mis aristas
hasta la desnudez que puedo darte.

Te ofrezco mi mano, sin sortija ni alianza,
para regresar juntos
hasta la posibilidad de ser solo presagios,
lejos de rectas normas
y de cóncavas simulaciones.

# A tientas

No hay necesidad de apresurarse.
No hay necesidad de brillar.
Virginia Woolf

El camino trazado,
el curso de los ríos,
y hasta las líneas paralelas
del paso de peatones,
limitan mi albedrio,
deciden en mi nombre.

Yo quiero andar a tientas, avanzar sin los ojos.

Ir a la mar, atravesar las dunas,
sumergirme en licores de miel.
Salvar mi voluntad de los equívocos
y dotarla de ímpetu con furor de palabras,
convenir mi destino,
imaginar mil rutas,
recorrerlas a oscuras.

## ¿SER OTRA?

Si pudiera cambiar lo sucedido,
regresaría al origen,
sabría reconocer lo que me incumbe
y distanciarme
de odiseas que nunca me afectaron.

Si tuviera tiempo me enredaría en pensar,
arrancaría la puerta de casa,
sembraría un jardín en el desierto,
dejaría que sol calentara mi sombra,
aprendería del niño que juega a ser caricia,
aceptaría el hechizo de lo prohibido,
de la piedra,
del agua,
y de la voz del viejo aquel del parque.

# LOCURA

Sugería un perito en poemas
que la emoción no escribe
los versos más sublimes,
que la poesía es deudora del recuerdo.
Acepto su razón,
busco material de poeta
entre fotos en blanco y negro,
en el baile de ramas
que el poniente agitó,
en la tarde rojiza, en el rodar veredas.

Ahora me preocupa
saber si mi memoria
surge desde lo cierto,
si la emoción fue mía
o inventé sensaciones,
si el espejo refleja el reverso de ser.

¿Tiene razón Pessoa? ¿Siempre miente el poeta?

# ULTRAFANTASÍA

Hay un tiempo en la noche
donde el juicio navega por lo imposible
como si pisara charcos de vino en el desierto o
paladeara azúcar morena en la estatua de Lot.

Hay un tiempo en la noche
donde las leyes originarias se trasforman
y no es improbable
conversar con la ambigüedad,
entender lo inexplicable,
inventar otro pasado y
forjar un distinto futuro.

Ese instante preciso de libertad sin lógica
es espejismo,
es la capaz mentira que perdura
hasta que el alba, honesta,
alumbre el universo de certezas.

# El sí de cada uno

No quiero mercadear con mi pasado,
ni hacer de él sustento para cualquier idea,
el pasado es epílogo de los que antes fueron,
es espacio absoluto
donde solo debiera haber descanso,
hechos tangibles, acción conclusa.

Recojo mi deuda con el tiempo vencido
y asumo cada gesta
y cada cobardía de lo humano
para aceptarme y ser
vivencia compartida,
historia que detesto y que amo.

¿Cómo ser yo si al fondo
de mí misma no habitaran mil reyes,
mil campos de derrotas,
otras guerras ganadas,
y el miedo que es recelo entre distintos,
y la sangre vertida?

¿Cómo ser yo sin poder condolerme
con Escarlata O`Hara,
sin Vitrubio y la herencia de los monjes copistas,
sin Colón, Carlomagno o Maquiavelo,
sin Felipe II,
sin Góngora o Palladio,
sin Teresa de Ahumada,
sin miserias y heroísmos anónimos,
sin el horror de tanto genocidio?

¿Cómo ser yo si se alterara mi pasado,
si mi esencia no anclase en el ayer,
si viviera un engaño,
una nube de falacias imprecisas?

¿Cómo ser yo si parte de mí no existe?

## Cosas que ignoraba

Les llega a algunos hombres cierto día
en el que deben pronunciar
el gran Si o el gran No.
Constantino Kavafis

Ahora,
cuando lo consecuente
es aceptar que he sido,
aspiro a conocerme de dorso y de reverso
sin prejuicios indeterminados.

Lo intento.

Me averiguo cercada y es áspero
saber que refugié mi condición entre la altura
de una atalaya revestida de alhelíes,
y que oculté mi índole en un arcón de hielo.
Es amargo saberme casi nada,
ni sublime ni ruin, ni jazmín en invierno.

¿Esto era todo?, pienso.

Nada.

Es inestable la arena que soporta mi estructura
con oficio de cuña de románico arco.
Hoy creo que moriré en los meses de otoño,
y acepto, sin divagar, que el tiempo me derrota.

# EN LA CIUDAD DE LOS MUROS INCIERTOS

Tras el cristal, otro cristal más alto,
otro cristal y otro...
alzaron altares a la impotencia.

Como un sastre de almas, Murakami
—sin presente, pasados ni mañanas,
sin mapas ni unicornios—
señalaba los límites
de la ciudad en donde
las alegorías daban nombre a los jardines.

Tras los muros inciertos, altísimos,
de la biblioteca comprendió
el mundo mágico, los libros,
la otra realidad:
la de hombres silenciosos,
la del mar y los poemas.

Son mis voces cantando
para que no canten ellos,
los amordazados grismente en el alba,
los vestidos de pájaro desolado en la lluvia.
ALEJANDRA PIZARNIK

# II
# Cartas

# CARTA A UNA JOVEN AUSENTE

¿Puedes leer la última novela de
Hustvedt en ese espacio vago?
¿Te cepillas los dientes?
¿Sigues llevando tus pantalones rotos?
O nada de eso ocurre y soy yo
quien debería aceptar que la existencia
es tiempo aquilatado.

Aquí se suceden las horas bajo ecos del rap que tarareas,
las mañanas transcurren entre agujas cegadas y
mi ida cotidiana a la escuela de idiomas
para acompañar tu regreso hasta casa.
Por las tardes anoto tus tareas
en papel de nostalgias, con lapicero de agua,
porque sé que continúas conmigo,
que aún no se han borrado los puntos suspensivos,
que volverás a casa a buscar la mochila,
la consola y la vieja camisa de cuadros.

En noches infecundas,
como alfiler que no tiene cabeza,
me desvelo pensando
que no sabes vivir sin mis consejos.
Preparo preguntas y discurro advertencias:
¿cómo pasaste el día?,
¿qué poeta te recita sus versos?,
¿te pareces a la foto del salón,
a la imagen que sueño,
o al dibujo que hice con trazos intuidos?
¿Eres lo que recuerdo?

¿Encontraste al muchacho que chocó en la farola?
¿Saludaste al abuelo?
¿Vive ahí el dios de barro?

No quiero dormir, no,
no controlo los sueños y me inquietan,
temo perderte en el enredo de sábanas y almohadas,
me apremia hablar contigo,
saber si sigues siendo lo que fuiste o lo que no serás.

Una luna creciente se asoma a nuestra calle,
abro la cristalera,
te busco en este cosmos oscuro e infinito,
y sospecho que tampoco
hoy vendrás.

# CARTA AL VIENTO DE PONIENTE

La luz de una farola se alza desde la acera,
trepa por la fachada de un edificio gris,
colorea objetos en la casa de postigos desconfiados
y refleja delirios en un falsario azogue.

Proverbios y patrañas asoman a ese espejo:
embozos jadeantes sobre la esquina izquierda,
un disco de vinilo en el bisel desnivelado
y, en el centro, un par de ojos con rímel
sobre labios que simulan sonrisas.

En ese espacio prodigioso,
suben, bajan y flotan flemáticos fosfenos
y algunas reflexiones que suplican
al viento de poniente
que cierre los postigos,
y deje allí las formas que inventó la farola.

# CARTA A UN VIOLINISTA CALLEJERO

La esquina de la calle es solo eso, ángulo, nada más.

El farol que la alumbra, pequeño y apático,
enfoca las vetas de un violín
y los ojos del joven que conversa con el arco.
Alrededor de él,
la acera como foso,
trinchera de adoquines, protección
del pálido exiliado de una ciudad del Este
que busca interpretar excelsas melodías
y fundirse en sus notas.

¡Ama tanto la música, teme tanto al futuro!

Se imagina en el Metropolitan,
Von Karajan dirige *La bohème*. Puccini sonríe.
Su violín pone alma
al aria más hermosa: *Che gelida manina*.
Regresa, tristemente, al foso que es trinchera.
Improvisa una sinfonía,
sus compases cortejan la vida en las aceras,
se mezclan con los pasos de ociosos transeúntes,
se pierden entre ruidos... (la ciudad se oscurece).

Él apenas es coro que acompaña el final de la tarde.

# CARTA A LA NIÑA QUE JUEGA A SER ADULTA

*Para Angelita*

El crepúsculo sobre la costanera en Buenos Aires
me invitó a pasear,
a perderme en la contemplación,
en el tiempo retenido en sus callejas,
o en cualquier cafetín de cansado barrial.

Allí,
bajo el balcón con fierros
de una casa de antaño,
en la acera,
cerca de una farola,
soñabas ser adulta.
Tarareabas un canto sin estrofas,
salmo improvisado e intuitivo.

Te observé como quien mira al mundo
desde un lugar sin fondo,
rastreando en tu juego recortes de pasado.

La tarde declinaba,
el ocaso dorado se diluía
en el acorde de tu voz tan hermosa,
en símbolos ocultos,
en el riachuelo
y en la luz enrojecida.

Yo repetí los versos de tu canto,
y mi voz era apenas tañido de añoranza.

## CARTA PARA RECORDAR AL PADRE MUERTO

Hoy añade el cristal luz y sombra en su rostro,
en tanto él sigue allí, quietamente infinito.
Lo requiero, le hablo con mi párvulo miedo
para que él lo espante con sones de milongas.
Silencio.

No hay luz entre sus manos de asteroide en eclipse
ni brillo en su pupila inmortalmente hueca.
Reclamo su mirada, oscura y transparente
e imagino palabras,
vagas, sin conclusiones,
y algún verbo de mar que no logré entender.
Quietud.

Ya amarillea su piel de *photographic printing*,
no hay eco en su silencio elemental y frío
como gotas heladas en la copa de Arques
—¿recuerdas su embalaje, el francés del cartón,
y la etiqueta en francos?—,
repito mi pregunta y la corea el silencio.
Nada.

Mi tibieza no evita la apatía de los vidrios,
cristal inalterable, eternamente abismo.

## CARTA CON INDICACIONES PARA LA JOVEN QUE PROYECTA MARCHARSE

Tras la puerta abierta está el tejado,
espacio de sueños,
de invención,
de la avidez de ser,
de perderse en el tiempo que vaga
en varias direcciones.

Más abajo reside la seguridad
de lo rutinario,
el salón matemático,
las paredes sin color de refugio
y la intuición de ser
menos que nada.

Adivinar huidas, huir,
escapar a otro espacio
sin resonar de tejas ni de jaulas,
llevar un equipaje de profecías abstractas,
y la razón concreta
de encontrar y encontrarse.

Impreciso viaje
con bagaje impreciso,
expiación de tempranas soledades,
del desamor, de lo pactado,
de tanto y tanto exilio
de ser mujer,
y de apiadarse de la niña que fue.

## CARTA AL HOMBRE QUE TEME LA TORMENTA

Regresabas apresurado,
insatisfecho,
hastiado de rutinas
tras el indiferente paso de otro día.
Con ansiedad y húmedos ahogos
precavías la clara insinuación de otra tormenta.
Yo andaba como tú, sin esperanza.

Me hablaste del hogar que te aguardaba,
del tejado maltrecho
que no iba a acallar el ruido de las aguas al caer,
ni evitar que mojaran tu alcoba
sus hilos transparentes
en frívolo desfile de siluetas y anhelos.

La lluvia prometida no cesó en el crepúsculo,
sus gotas recorrieron los cristales
emulando las formas de tercos laberintos,
eludiendo la tendencia intuitiva del agua.
Conversamos sobre la liturgia de la lluvia,
sobre su misterioso clamor que anuncia lo absoluto.

Preparaste dos vasos con güisqui
y hundiste entre su hielo la mirada.
Tarareabas
*La canción de la tierra*, la que compuso Mahler.
Lo hacías quedamente,
para darle tiempo a recubrir las grietas
y acallar el tirano runrún del aguacero.

# CARTA ENVIADA AL AYER

Despúes escaparán,
pero el niño no lo sabe.
PEDRO LÓPEZ LARA

*Para Marigeni, Lola y Lulu*

Nuestro mirador,
la ventanilla blanca, cuadrada, pequeña,
barrotes y pestillos custodios, profilácticos,
y la huella de mi mano sobre el vidrio.

Imploré, me lamentaba,
lloraba como un sauce.

Y mis hermanas, ¡nada!,
se alejaban contentas,
giraban en la esquina,
con los collares rojos,
con los zapatos nuevos de charol reluciente
y una blusa cuajada de bodoques.
Escondía mi despecho,
las despedía entre mocos
con el gesto exiguo de mis dedos,
amarrada a aquel sillón de hojas amarillas
y a la estreptomicina.

El sol doraba sus siluetas,
dentro de mí había sombra.

Hoy añoro aquel espacio de imaginar futuros,
de los poemas de Bécquer,
de viajar hasta China

con el viento del este y el oeste,
del desvelo en la noche
mientras la ciudad duerme,
del tango que llegaba desde los Polvorines
y cantaba a Buenos Aires.

Evoco el desconcierto de días
que no fueron esplendor de yerba,
la calma de horas lentas,
el fuego mineral que no quemó mi piel,
los ecos de una copla,
el íntimo monólogo
y los collares rojos
de mis tres hermanas.

## CARTA SOBRE UN SUICIDA FRUSTRADO

Quiso abrazar la nada. Dormir, tal vez soñar...
El canto de un jilguero
se acomodó en su almohada,
le sugirió caminos al mundo sin materia.
Después soñó ser pozo
y la oscura tormenta,
ser silencio y ser grito,
yermo desierto, y morir en orfandad.

Rojas reflejó el alba hogueras en los charcos,
regresaron los sonidos del vivir,
se desbocó el levante,
y deshizo el camino iniciado.

Volvió a brillar la luz
del pabilo que aún arde.

## CARTA DE UN COMPAÑERO PREOCUPADO POR EL PASO DEL TIEMPO

Las horas son tenaces —escribió.
Tengo la certeza de que no
nos permiten zafar su control,
de que a su paso fabrican nuestros ritos
y nos desarman.

Las observo —añadió.
Juegan a mezclar lo real con lo fingido,
barnizan de incoloro las imágenes
y tornan a rumor con sordina nuestras voces.
Son testigos de la ficción de ser.

Al final he entendido —concluyó con desánimo—,
que las horas deslucen los crespones,
agrisan el color verde esperanza,
evaporan el agua en las clepsidras,
marchitan la impaciencia,
provocan el enredo de simulacro y puro,
unen a ambos farsantes con cinta de extravíos
y juntos los arropa entre lienzos de estrago
sin dejarlos que pacten ni cuestionen lo sido.

## CARTA PARA EL HOMBRE QUE AÑORA LO QUE NO EXISTE

Aún es otoño, eso es cierto,
pero se hermanaron
el llanto y la lluvia para anegar la tarde.
Juntos tomaron acomodo
en el terco sillón de las rutinas,
mientras la niebla empaña la luz de las farolas
y un eco estrafalario
se adueña de la sala.

Hay un hombre que evoca lo que no existe,
su butaca, su mesa,
la cortina extendida,
el lugar donde a solas se desvistió en poemas.

Desde el blanco mirador observa su calle,
el celaje que comienza a soterrar contornos,
el cúmulo de hojas que cubre las veredas
y secuestra colores.

Quema el hielo de invierno,
no entiende el infinito.
Se engaña.
Imagina que el rumor en la alameda
es el crujido grave del vuelo de los mirlos
y no el pisar seguro de las horas,
esas horas que tiñen
con cenizas su pelo.

No, no quiere recorrer la inevitable ruta.

## CARTA AL HOMBRE QUE BUSCA EL TIEMPO QUE NO VUELVE

*En memoria de Jaime Gil de Biedma*

No hay agua en el pozo de los afanes
ni una brizna del ímpetu de aquellas sacudidas
que agitaban lo profundo.

¿La eternidad existe?
¿Son leales los deseos?
¿Resisten a los días las ascuas de inquietudes,
de creencias, catecismos, anatemas y cismas?

Busca entre sus párpados lágrimas secas
y surcos del vivir junto a los labios,
reza jaculatorias por todos los rechazos,
por la quiebra del amor y el olvido de los sueños.

Sin arrepentimiento, sin purgatorio,
pese al afán perdido, a la muerta esperanza,
aún se ata al tiempo que le queda.

## CARTA PARA LA JOVEN QUE PIDE CONSEJO

Te he visto caminar: arrastrabas tu silencio.
Me gustó tu camisa,
parecía bordada de promesas,
tu falda se agitaba
igual que la mesana de un velero
y el sol hacia brillar tu sombrero pajizo.

Nos saludamos.
Me pediste el nombre de una hierba
que te ayudara a sonreír.
No soy sabia —te dije—
ni siquiera me entiendo,
pero puedo jurar que no se llama melancolía.

Mírala, va contigo —contesté—,
te recita pasados, enciende dudas.
Tú eres la forma nueva, forma de agua.
No la oigas —rogué—, antes de despedirnos.

Besos en las mejillas, nos veremos un día.

# CARTA CON ABSURDOS SOBRE SÍSIFO

Cada grano de esta piedra...
forma por sí solo un mundo.
ALBERT CAMUS

Cuando los verbos tengan solo tiempos futuros,
cuando un día cualquiera no sea igual a otro día,
los desvelos no consuman horas nocturnas
y áureos destellos no despierten madrugadas,
entenderás que el tiempo es mera hipótesis,
impersonal e inmenso;
que lo delimitado,
lo que contiene márgenes,
es nuestra exigua vida.

Comprenderás que nada significa ayer y mañana,
que en la perenne rotación de Sísifo
esencial es solo lo alegórico,
el temor al término de los días.

Sabrás que nada importa el instante de existir,
que la fecha no daña el núcleo de lo humano,
que el ánimo se conmueve sin requisitos horarios.

## CARTA QUE CONTIENE LA CITA PARA UN BAILE

Llueve,
el agua se desliza con argucia de amante
por la sobria lisura de cristales
en aturdida danza
de amor y malquerencia.

Dibuja en las vidrieras
siluetas enlazadas,
brazos que se enredan,
labios que se abren,
cuerpos que se seducen.

La lluvia se aquieta,
lentamente se marcha.
Deja atrás sus regatos
para que el sol los seque,
para que nada quede de aquel baile en la noche.

Nada.

## Carta a una mujer de la que ignoro el nombre

El tiempo es logaritmo relativo,
los días son horas,
las semanas días,
los meses semanas.

El tiempo es inconcreto,
subjetivo
y hasta desatinado.

Cuando marcha con prisa, sutil, firme, impreciso,
o lentamente,
lo gobiernan, sin duda, argumentos extraños:
cirros que interpretan la sonata de invierno,
el lucero del alba que se acuna en la copa de un cedro,
la voz de la Callas, *Casta Diva*, que no alienta emociones,
o muchas soledades escritas en los márgenes.

Lo contrario sucede
cuando el tiempo se asoma a los espejos
y se torna sincero, concreto, descarado,
así:
a las dos menos cuarto del día diez de enero,
el reloj se detuvo y
desde una luna ahíta de manchas amarillas
emergió la figura de una mujer sin sombra,
su falda larga y blanca, como bañada en cal,
contrastaba con la vieja camisa deshilada
y con los rojos zapatos sin suela.
Tras ella, antes de lo infinito,

una muñeca rota y un aro de madera,
cuadernos, grapas, pinzas, cajas, libros, teclados,
seis álbumes con fotos en desorden,
un mapamundi viejo,
dos pasajes de avión usados
y un calendario
al que alguien ha tachado los números.

Ignoro el nombre de esa mujer,
no conozco su voz, no he oído su risa,
no sé si es de hoy, si es del pasado,
si existió alguna vez.

Cuando la vuelva a ver conversaré con ella.

## CARTA A LAS VOCES DE LA MADRUGADA

Hunde tu ser
en la espiral del sueño...
JAVIER DEL PRADO BIEZMA

Se inicia un nuevo día,
la penumbra cubre a durmientes e insomnes,
en ese momento nada es real, tampoco ficción,
sino espacio transitorio, momento sol-lunar.

Tímido instante de magia
donde pueden dialogar signos opuestos.

Voces, caminos, sueños, negación, lo concreto
se atan allí en cadenas de razón y arrebato,
superan los perfiles que recomienda el juicio,
alcanzan el lugar donde crece la duda
antes de regresar a palabras simuladas,
a las voces profanas, a la común premura.

# CARTA PARA LAURA

Las luces y las sombras,
el cereal, la vid,
la bondad y lo oscuro,
el universo, la piedra, lo inasible.

Planetas, minerales y aquel sordo monólogo.
La lluvia de esta noche,
el instante sereno.
Cúspide y retoñar.

El rumor de tu música es igual al anhelo,
al sentimiento
que clama en cielo de crepúsculo,
y se funde en océanos.

Lento batir de alas,
mujer,
mujer,
mujer,
astro luz en la noche.

## CARTA PARA QUE NO SE EXTIENDA LA SOLEDAD DE UN NIÑO

Crecerás,
y a veces la impotencia te secará los ojos,
la esperanza será negro unicornio
y cada certidumbre categórica duda.

Verás pasar las horas,
pretenderás huir,
apretarás los dientes,
buscarás el final,
desaparecer,
no querrás aguardar que te quiebre la angustia,
sino ser abandono al borde de un camino,
culminar bajo un árbol.

Pero allí, donde la bruma se palia,
volarás en recuerdos
y hallarás un minuto de amor, solo uno,
y entenderás que nada es absoluto,
que aún hay futuro.

## CARTA PARA ALIVIAR TU DOLOR

Se desgarró de nuevo tu herida de ayer.
Temblabas
ante la roja maraña de hilos fluyentes.

Te dolía tu soledad más que verter la sangre.
Te sentías perdido en tu laberinto,
alejado de todo.

La llaga abierta y tus labios
despojados de otros labios
te hicieron llorar.

Rechazabas vivir como seca clepsidra.

Te oí rezar, pedías a tu dios
una mano que cauterizase los desgarros,
y una boca que besara la tuya.

# Carta al impasible

Es un día cualquiera,
la lluvia entorpece los pasos y
dibuja lunas en los charcos,
su brío descompone las flores del parterre,
arrastra hacia lo oscuro a la nube de nácar,
y su rumor tenaz interrumpe
el concierto para flauta de Vivaldi.

Individuos perplejos transitan
bajo el cielo protector de sus paraguas
observando las huellas precedentes,
cabizbajos y estoicos,
impasibles a la ventana que se abre
al hombre que se asoma,
a ese ser reputado
que habla de sí mismo, consigo,
ufano de ser eje vertebral de su planeta,
de poseer el don que otorga identidades,
señor de los destinos
y centro de la sala
donde a solas derrocha el fluir de su voz.

Es el prohombre que se piensa a salvo en su fortuna,
guarecido de la lluvia,
escudado por sus cosas, por el portal cerrado
y dudosas razones.
El personaje que se cree suficiente,
sin una ligadura,
atendiendo tan solo lo que debe atender
para perpetuarse.

Las aceras son lagos con orillas de barro,
ruta de transeúntes que no miran al prójimo
que había rechazado compartir las miradas
y el paso de otros.

Ese ser que no admite que
es un día cualquiera,
que él es tan solo un hombre
y está solo.

## CARTA PARA AYUDARTE EN TU FRAGILIDAD

Apenas eras sombra,
te encerrabas en inusual tristeza,
eras invisible, etéreo,
como de agua de fuente y titilar de espigas.
Eras distinto a lo común, ajeno a lo que es norma.

Frustrado por inciertas convicciones,
tratabas de explorar nuevos espacios,
estelas,
huellas a alguna parte,
momentos,
emociones que el tiempo ha extraviado,
igual que palidece el color de cobalto
que viste las maderas en Sidi Bou Said.

Delineaste quiméricos futuros,
creíste que podrías desandar tus derrotas,
llegar a otras orillas, al final de las aguas.

Ignoraste lo concluyente:
la traza circular de la existencia,
el caos, el tiempo infinito del Aleph.

Me ofrecí para guiarte.

# CARTA PARA ALENTAR LA LIBERTAD

Ir y venir de aceras, de causas, de autobuses,
de mujeres y hombres con siluetas difusas
en su pugna constante entre perfil y espejo.

Nada es definitivo, nada es concreto.

Nadie rompe las normas.

Nadie quiere saber qué puede coexistir más allá de su yo.

Nadie excede sus límites, los límites seguros.

No hay tiempo sin límites.

No hay espacio sin límites.

No hay emoción sin límites.

No hay Alicia ni Conejo, solo Reloj,
nada queda del País de las Maravillas.

## CARTA PARA ANUNCIAR POSIBILIDADES

Confía en que el futuro no sea inevitable,
que se pueda corregir en cada esquina.

Imagina que el camino se bifurca,
que claros focos blancos alumbran mil veredas,
que cada vía esconde un hado diferente
y que puede elegir,
volver hasta su origen,
respirar,
reconocer,
asentir,
admitir,
acoger.

Comenzar y encontrarte.

# CARTA A UNA NIÑA MUERTA POR LA SINRAZÓN
[En memoria de la niña que vi en una foto de prensa]


Estás en el espacio que no decae en la noche,
en la libertad superlativa de lo abstracto,
donde tú eres real
y yo solo un propósito.
Pero aquí, donde la vida es piedra,
es indolencia y reloj,
eres (si acaso algo lo es) memoria colectiva,
clamor ante baluartes de sorda indiferencia,
asteroide perdido en lo infinito.

Debo apagar la bóveda donde la luz es muerte,
deslindar a tu sombra de otras sombras,
corporeizar el humo que ahora vives,
convalecer los poros de tu piel.

Sujetaré tu mano
en esta noche triste,
traspasaré contigo esta extraña nostalgia,
pasearemos sin cautela bajo tilos
y te inventaré un refugio
en la médula invertebrada de la idea.

# CARTA PARA LOS QUE SE DISTANCIAN

Para llegar adonde estás,
para salir de donde no estas.
T. S. ELIOT

Conversaban,
se dejaban envolver por el humo
que surgía de sus tazas,
calibraban palabras,
tasaban cada gesto,
consideradamente sonreían.

El chocolate denso, oscuro, ardiente
invitaba a narrar vaguedades,
a aceptar como noticia el clima improcedente,
comentar el paso trepidante
de ejecutivos jóvenes frente a las cristaleras
y la frialdad del viento
que traspasaba pequeñas rendijas,
igual que sus recelos.

Encuentro inesperado como lluvia de estío,
fotos para paliar silencios.
El pasado emerge
y es nube que amenaza la tarde.

Hace frío, en marzo a veces hiela.

## CARTA PARA QUE SEPAS QUE SE PUEDE ROMPER LA DESESPERANZA

A solas recorrió lo equívoco,
se rompió de pesar,
probó la nada,
cruzó la frontera de lo razonable.

Al final de su calle,
desde un local abierto,
vagamente percibe las notas de un piano
en concierto a dos manos de nuevas actitudes.

Y lentamente,
como esa consoladora sinfonía de Schubert,
desanda su absurdo viaje,
se conduele con el dolor de otros,
con su propio dolor.

# CARTA PARA AHUYENTAR OLVIDOS

Escarcha entre las manos, en los ojos, en la frente.
Caos en la memoria. Melancolía.

Trazas de otras vivencias se introducen
en la forma permeable de la suya,
siembran fábulas ajenas
y alteran el perfil de lo que fue.
Aún le parece oír la voz de su pasado,
la voz que lo conforta,
la que despierta su razón,
la voz imaginada.
La voz tan ilusoria como beso de paloma.
Voz de promesa y culpa.

Voz sin sonido
que busca luz como ciego anhelante.

Para que alumbre su penumbra.

Para recitar con ella la plegaria del hombre muriente.

Para volver a ser.

Para marcharse.

## PUEDO VERTE

Sin deseo
ni tristeza, sonriendo
para que no escape el grito más agudo,
para que los ojos no pidan auxilio.

Las memorias son firmes,
son piedras, son nudos, son lápidas.

No hay alas, no hay caminos,
no hay mares divergentes.

Las certezas concluyen
junto al fin de los sueños:
ese final preciso que revela,
que distingue la imagen y el reflejo.

## ADVERTENCIA
## QUE HE QUERIDO ÚLTIMA

Conjugar sentido y armonía, describir emociones, desasosiegos y certezas, es lo que deseaba lograr con *Formas del agua*. He buscado la esencia ingénita a lo humano y los símbolos que esconden los espejos. He querido regresar a los orígenes, a lo invisible y a la magia que nos funde en universo. Ese fue el propósito inicial de estos poemas.

No he tecleado siquiera una coma impostora. No pretendo conmover. Tampoco pretendo adulterar lo sido, sino que estas palabras hablen de ti, de mí, de lo que somos. Son mi voz. Y también son voces robadas.

Cuidadosa, con precisa cautela, protegía mis significados en una casa de altas murallas. Los reservaba para acompañarme hasta el lugar en donde el retorno no es causa debatible. Pero escuché el lamento de todos los silencios. Se quejaban, se quejaban, rogaban existir, ser cadencia, ritmo y golpe al corazón. Acepté.

Demolí las paredes de mi cerrado laberinto. Con sus añicos construí estos poemas libres, con perfiles de agua y hondos rizomas. ¿De qué sirven los versos sin cimiento ni sentido? He trenzado entre ellos las rutinas, las profecías, el cúmulo de pecados que imaginamos y las mentiras dulces. ¿Hay en todo un sentimiento cierto?

Para ti, lector, lectora, es este libro, para ser compañero del tránsito de los desiertos, para que te ayude a llegar al lugar donde habita lo que amas. Para que me ayude a mí también.

LA AUTORA

# Índice

Esta edición quedó dispuesta para la tinta
en febrero de 2026,
los cielos eran de lluvia